D0783393

La literatura
es mi venganza

Mario Vargas Llosa
y Claudio Magris

La literatura
es mi venganza

Prólogo de Renato Poma

EDITORIAL ANAGRAMA

BARCELONA

GIROL SPANISH BOOKS
P.O. Box 5473 LCD Merivale
Ottawa, ON K2C 3M1
T/F 613-233-9044 www.girol.com

Ilustración: foto © Maria Jou Sol

Primera edición: noviembre 2014

Diseño de la colección: Julio Vivas y Estudio A

© Mario Vargas Llosa, 2011

© Claudio Magris, 2011

© Prólogo: Renato Poma

© EDITORIAL ANAGRAMA, S. A., 2014
  Pedró de la Creu, 58
  08034 Barcelona

ISBN: 978-84-339-6374-1
Depósito Legal: B. 21421-2014

Printed in Spain

Liberdúplex, S. L. U., ctra. BV 2249, km 7,4 - Polígono Torrentfondo
08791 Sant Llorenç d'Hortons

Prólogo, por Renato Poma

Alguien, con razón, afirmó que uno de los significados de dialogar, entre otros muchos, es involucrarse. Y esto es lo que hicieron Claudio Magris y Mario Vargas Llosa cuando, en una húmeda y gris tarde limeña, aceptaron dialogar acerca de «Novela, cultura y sociedad» invitados por el Instituto Italiano de Cultura de Lima.

Los dos escritores ya habían tenido la oportunidad de dialogar tiempo atrás con ocasión de la Feria del Libro de Guadalajara. Sin embargo, el tema del encuentro –tan arduo e ilimitado– encontró a los dos interlocutores particularmente atentos y con el deseo, dictado por la mutua estima, de afrontar un tema que, aunque grandilocuente y, quizás, un poco retórico, coincide con la concepción

9

que ambos tienen de la literatura vista como experiencia total.

La experiencia literaria nos demuestra que —contrariamente a lo que creía Hegel— no siempre lo real es racional y tal vez el deber de la literatura consista justamente en explorar esa tierra de nadie que es el alma humana, con sus impulsos y sus contradicciones, en el intento de ayudarnos a comprender el caos en el que está inmersa nuestra existencia. Esto es lo que parecen sugerir los dos escritores cuyas obras muestran cómo el análisis y el estudio apasionado del gran teatro de la vida en el que transcurre la aventura humana, y el relato que de ella encontramos en los libros, ofrecen al final una respuesta al misterio que nos rodea, aun cuando tímida y opaca; y estas respuestas, acaso parciales y tal vez contradictorias, intentan arrojar luz sobre una realidad que nos parece, por un instante, liberarse de la niebla que la rodea.

La gran literatura es una extraordinaria forma de conocimiento de lo real y representa, según Vargas Llosa, un instrumento insustituible para poner en orden la realidad, que es en sí misma esencialmente caótica. El escritor, el verdadero escritor —afirma Magris—, es el que logra identificar un orden oculto en lo grotesco y en lo absurdo de la existencia. La litera-

tura es por lo tanto exploración del mundo y de los abismos de lo humano y es justamente en esta peculiar función suya donde el ejercicio literario se vuelve cultura, es decir, se convierte en visión del mundo.

Ernesto Sábato, uno de los grandes literatos del siglo XX que, como pocos, ha sondeado los territorios más oscuros e inquietantes del alma humana, afirma en un célebre escrito que existe una escritura «nocturna» queriendo decir con esto que, en determinados momentos, la pluma del escritor se mueve no tanto por el hombre racional que la sujeta, sino por la misteriosa intimidad que lo habita, por los fantasmas que se esconden en lo profundo de su ser. Esta misteriosa condición, que implica la aparición durante la creación artística de una especie de estado prerracional, es compartida abiertamente por nuestros autores, quienes dentro de su estrecho diálogo se detuvieron en el momento irracional que mora en cada uno de nosotros y en las criaturas imaginarias que pueblan nuestro interior y que misteriosamente se asoman adquiriendo vida en los libros.

Esto, y mucho más, es cuanto ha surgido del encuentro de los dos escritores, ligados ambos por un indiscutible amor por la libertad y por los riesgos que ésta inevitablemente —como afirma Vargas Llosa— da

11

por sentado; unidos al reconocerse en una forma de noble engagement *que los lleva a manifestar en cada sede su pasión civil y en un compromiso ético constante basado en la incansable afirmación de valores fundamentales y –precisa Magris– no negociables.*

Escucharlos dialogar con pasión sobre la Odisea *y sobre* Don Quijote *o sobre la concepción del tiempo dentro de la novela contemporánea, observar con cuánto garbo y decisión motivan sus afirmaciones acerca de los problemas de nuestro tiempo, la democracia, los derechos, las identidades, las debilidades y al mismo tiempo la importancia de la política, verlos comprometidos en construir, a través del diálogo, un momento de reflexión que simboliza su compromiso civil y cultural, todo ello infunde una cierta seguridad porque significa que, a pesar de todo, la inteligencia y el sentido cívico, la voluntad de entender el mundo y de transformarlo a través del arte, la razón y la pasión no desaparecen, aún son una brújula indispensable para afrontar nuestro tiempo.*

El presente diálogo entre Mario Vargas Llosa y Claudio Magris, organizado por el Instituto Italiano de Cultura de Lima, tuvo lugar en la Biblioteca Nacional del Perú, en la ciudad de Lima, el día 9 de diciembre del año 2009.

Los vasos comunicantes:
novela y sociedad

¿Son claros los vínculos hoy entre novela, cultura y sociedad?

CLAUDIO MAGRIS:

Es una experiencia fundamental dialogar con Mario Vargas Llosa, uno de los grandes escritores del mundo, que desde hace años forma parte no sólo de mi cultura sino de mi vida, y con el cual siento que tengo muchas cosas en común: temas, interrogantes acerca de la vida y sobre la manera de contarla, problemas centrales como la identidad con su necesidad y sus peligros. Existen algunos escritores, grandes también, que enriquecen nuestra cultura, pero mucho más relevantes en nuestra aventura existencial son aquellos escritores que, con su fuerza fantástica y poética, entran en nuestra vida, en nuestro modo de sentir el tiempo, la historia, el encuentro del individuo con la totalidad. Escritores que nos hacen entender que continuamente es necesario intentar comprender las cosas y afrontar la dificultad, a veces incluso la incapacidad, de comprender. Escritores, por lo tanto, que se convierten en parte de nosotros. Y por eso me siento honrado de ser partícipe de este diálogo.

No es la primera vez que me encuentro con Mario Vargas Llosa. Conversamos en público años atrás en la Feria del Libro de Guadalajara y escribimos, para el volumen sobre la novela publicado por Einaudi en Italia, él una introducción con el título «¿Puede existir el mundo moderno sin la novela?», y yo un epílogo titulado «¿Puede existir la novela sin el mundo moderno?». No creo que esta consonancia sea una casualidad. Recientemente he terminado de leer su admirable libro de ensayos *Sables y utopías*. Me sentí como en casa en aquellas páginas memorables; por ejemplo –pero es sólo un ejemplo, entre tantas afinidades electivas que encontré en aquel libro– aquella afirmación de la literatura como rebelión contra el orden y la creación, un orden de tantas sociedades y muchas veces también del mundo, una rebelión en la cual es posible ser también perdedores.

Don Quijote es un perdedor. En esa derrota hay una revelación sobre la verdad; una revelación que, en cierta manera, es también una victoria, porque enriquece la vida con un elemento fundamental. No es una casualidad que un libro mío, titulado *Utopía y desencanto* –otra consonancia, desde el título–, se inspire en este personaje. Don Quijote yerra cuando dice que la bacía del barbero es el yelmo de Mambrino, porque aquél no es el yelmo de Mambrino, sino una bacía de barbero. Pero él nos hace entender que aquélla no es solamente una bacía de barbero, que las cosas tienen una poesía propia no reducible a su función y necesitan esa poesía, porque no son solamente bacías de barbero. Lo saben muy bien los niños cuando juegan con un barco de papel y dicen que es un galeón; son muy conscientes, a diferencia de don Quijote, de que ése es un barco de papel, pero saben también lo que nosotros tan frecuentemente olvidamos y que los escritores nos ayudan a recordar, que aquél no es sólo un barco de papel, sino también un galeón que, en la fantasía y en la vida de ellos, que son muy reales, atraviesa el océano.

También la utopía es derrotada en su pretensión de tener la receta para salvar al mundo o incluso de haberlo ya salvado y de haber ya creado el paraíso en la tierra, como han creído o han querido hacer creer tantas utopías derribadas. Pero la derrota de la utopía, de cada utopía —poco importa si asentimos o no a ella—, ayuda a entender que el mundo necesita ser mejorado y que es indispensable continuar mejorándolo: corrigiendo el camino que se ha emprendido cuando nos percatamos de que es el equivocado, imaginando otros caminos. En esta necesaria fantasía, la literatura tiene una gran función también respecto a la sociedad; no seguramente en proponer programas políticos o ideológicos, sino en hacer sentir, experimentar esta necesidad aventurera de crear cada vez un mundo nuevo.

Hay también otra característica que —teniendo en cuenta las debidas proporciones de grandeza— nos une. Y es la relación entre la escritura que inventa (la *fiction* que finge, podríamos decir incluso que «miente») y el empeño por la verdad, ineludible en nuestra confrontación con el mundo y la necesidad de cambiarlo. En la recopilación de ensayos que he citado, Vargas Llosa denuncia el abandono del empeño en la literatura contemporánea, en la cual, al parecer, muchos autores han renunciado a lo que una vez se llamaba el *engagement*. Él añade además que en América Latina un escritor no es solamente un escritor, sino que debe ser también otra cosa. Pero dice también que a veces somos lacerados por nuestros propios demonios y por los propios deberes hacia la causa pública y que, en ese caso, es necesario permanecer leales, en primer lugar, a nuestros propios demonios. He aquí otro problema fundamental para la literatura que con frecuencia es también una contradicción. Existe el intelectual que se entrega esencial y explícitamente a la causa pública y existe el escritor que se halla esencialmente cautivado en el combate con sus propios demonios. ¿Qué ocurre cuando un escritor es ambas cosas, como seguramente lo es él y lo soy yo también? Es decir, ¿cuando tenemos la impresión de que estas dos caras son las caras de la misma moneda, que son una sola cosa y al mismo tiempo son también muy diferentes y, sobre todo, cuando nos damos cuenta de que la escritura que nace de una es muy diferente de la que nace de la otra?

Leer *La casa verde* o *Conversación en La Catedral* o muchos otros libros de Vargas Llosa es similar pero también muy diferente a leer *Sables y utopías*. El estilo, la lengua son radicalmente diferentes porque en un caso se trata de un lenguaje que quiere explícitamente definir, juzgar, defender o combatir, mientras que en el otro caso se trata de un lenguaje que quiere esencialmente narrar, hacer vivir las contradicciones más que resolverlas o juzgarlas. En un caso no se puede, en el otro se puede y a veces se debe deformar la realidad para entender su sentido y la verdad más profunda.

No creo, sobre todo en lo que concierne al estilo, que se trate de una elección deliberada, porque un escritor no elige sino que hace lo que puede, o bien lo que debe; es la historia, el objeto los que le dictan por así decir el estilo, la sucesión paratáctica de las claras y netas definiciones o, al contrario, la estructura hipotáctica que intenta aferrar al mismo tiempo la complejidad contradictoria de las cosas. Por ejemplo, en un libro que he escrito, *La historia no ha terminado* –libro que incluye esencialmente artículos y escritos ético-políticos–, el estilo es paratáctico, avanza distinguiendo y separando las tomas de posición y las opiniones, las esferas de competencia, los nombres y los hechos, la razón que puede demostrar las propias verdades y la fe que puede sólo mostrarlas.

Este libro se publicó pocos meses después de mi novela *A ciegas,* cuya música es exactamente lo contrario, porque en una novela no nos limitamos a juzgar la vida, la narramos con todas sus contradicciones. También cuando decimos cómo debería o no ser una sociedad, lo hacemos introduciendo todo esto en la historia de un hombre o de una mujer que viven en el mundo intentando comprenderlo e incluso mejorarlo, pero también perdiéndose continuamente en su caos, perdiendo en ocasiones incluso el hilo de su razón en el caos del mundo. Sólo narrando esta indisoluble mezcla de orden y desorden, aspiración a la verdad y descarrío en el error, razón y delirio, exigencia de justicia y culpable transgresión, es posible encontrar el sentido de ese caos que es la vida también en el necesario y apasionado esfuerzo de darle un orden. Y por lo tanto el estilo, como en el caso de la novela mía que he citado, se vuelve hipotáctico, una ola que continuamente regresa sobre sí misma rompiéndose, retomando y variando la narración, siguiendo un hilo de la verdad que podemos esperar encontrar solamente abandonándonos a su maraña. La novela cuenta la verdad de la vida también —sobre todo a veces— mostrando y narrando las vicisitudes de personajes que no encuentran esta verdad, que la deforman y que sólo viviendo dolorosamente esa deformación nos hacen experimentar la verdad del mundo.

Todo esto se encuentra, con excepcional intensidad y fuerza poética, en la obra de Vargas Llosa. Incluso ese desdoblamiento del que hablábamos: cuando hace un análisis de la situación política o económica del Perú no puede no escribir con la nitidez y la claridad de la verdad, mientras que cuando, por ejemplo, cuenta la historia de un hombre (que tal vez se ocupa del Perú y de su política) no puede no descender a los enredos en los que la pasión política de este hombre se entrelaza con todas sus ambigüedades existenciales y con todas las aventuras del destino; asimismo modernidad y antigüedad, Europa y tradiciones incaicas o preincaicas, están siempre presentes en su obra, animadas por la misma verdad humana y por la misma pasión, pero profundamente diferentes en la representación y en la evocación, según se trate de discutir una restauración de la estatua de Pizarro o de narrar los encuentros y los conflictos en la selva. Una cosa es escribir un ensayo ético-político sobre la corrupción, otra cosa es narrar la historia de un hombre corrupto, en quien la corrupción se ha convertido en su naturaleza.

Entre el siglo XIX y el XX, o mejor dicho entre la novela clásica y la contemporánea, ha habido una profunda fractura entre la manera de contar la Historia —entendida como hechos realmente sucedidos— y la manera de escribir una novela, o bien, para citar a Manzoni, de contar cómo los hombres han sentido y vivido esos hechos, esos sucesos históricos. En la novela del siglo XIX había una armonía, una correspondencia estructural entre la narración histórica y la fantástica; la diferencia fundamental entre las dos, que la gran novela del XIX puso en evidencia con enorme poesía, no implicaba necesariamente una diferencia lingüística y estilística radical. En el momento en que Manzoni hablaba de una exposición sistemática y ordenada de los sucesos, eso era válido para él cuando escribía la *Historia de la columna infame,* texto de reconstrucción histórica, y también cuando escribía *Los novios,* una novela.

Creo que hoy esa correspondencia ya no existe, que es imposible; cuando se intenta restaurarla o fingirla se vuelve falsa. Cuando reconstruimos y narramos históricamente los hechos —lo que sucedió en Santo Domingo con Trujillo, o cómo sucedieron las terribles deportaciones estalinianas en los gulags, y así sucesivamente—, la necesaria reconstrucción de la verdad de los hechos que se pretende, debe obedecer a un orden, a una racionalidad también lingüística. Cuando tratamos de contar, de imaginar cómo se vivió la dictadura de Trujillo o el terror estalinista, el espantoso desorden y la terrible irracionalidad de aquellos hechos deben ser traducidos, para poder ser realmente comprendidos y comunicados, al desorden y la irracionalidad del estilo y del lenguaje, porque sólo así se puede percibir cómo se vivieron aquellos hechos terribles y aquellos espantosos desórdenes. Victor Hugo podía usar la misma lengua, el mismo estilo, la misma escritura en sus novelas y en sus textos políticos contra Napoleón III. Kafka no habría podido utilizar el estilo de *La metamorfosis* en una intervención política, digamos, en defensa de los mineros silesianos. Creo que esto es lo que entendía Raffaele La Capria cuando escribió que las grandes novelas, las obras maestras del siglo XX, son necesariamente «fallidas», puesto que han asumido –han tenido que asumir– en sí mismas la imposibilidad de representar una totalidad armoniosa y racional del mundo.

En todos los hechos hay naturalmente una profunda verdad y por lo tanto también un profundo orden que, para poder ser comprendido, debe pasar a través del delirio. Pensemos, para dar sólo un ejemplo, en el uso de los tiempos. Un historiador que narre como historiador la institución de los *Lager* nazis de exterminio puede y debe seguir un orden cronológico. Pero cuando empezamos a leer una novela de Mario Vargas Llosa notamos que el tiempo no es –y no puede ser, en ese caso– lineal; hay dos personajes que hablan sucesivamente uno detrás de otro, pero en otro momento, mucho antes o tal vez después, es el lector quien –introduciendo su propio tercer tiempo narrativo, en este caso el de la lectura– reconstruye toda la historia. Una historia que es percibida en su verdad, también temporal, sólo a través de esta maraña.

A mí me pasó algo similar al escribir la novela que he citado, *A ciegas*. En el fondo está la terrible historia, que sucedió realmente, de aquellos revolucionarios comunistas que, tras haber combatido heroicamente el fascismo y el nazismo y haber conocido las prisiones nazis y algunos de ellos también los *Lager*, a finales de la Segunda Guerra Mundial se encaminaban por su propia voluntad a la Yugoslavia de Tito, es decir, al país comunista más cercano, para contribuir a la construcción del comunismo, de la sociedad perfecta. Un par de años después, Tito rompe relaciones con Stalin y se convierte a sus ojos en un traidor a la revolución y ellos a su vez se convierten para Yugoslavia en enemigos estalinistas, por lo que son deportados a dos encantadoras y terribles islas del Alto Adriático, Goli Otok (isla Desnuda) y Sveti Grgur (San Gregorio), donde son sometidos a suplicios y torturas e incluso a la muerte, como en los *Lager* y en los gulags, y donde resisten heroicamente, olvidados e ignorados por todo el mundo, en nombre de Stalin, que para ellos significa la revolución y la justicia y que, de haber ganado, habría transformado el mundo entero en un gulag donde encerrar a personas generosas como ellos.

Había empezado a escribir, muchos años antes, la novela en modo lineal, pero aquella estructura no funcionó, justamente porque en una novela el «qué» debe ser análogo o idéntico al «cómo», es decir, el tema debe ser análogo al estilo, y en aquel caso la historia tenía tantas fracturas, estaba tan ambiguamente entretejida de idealidad y error, de verdad y mentira, sacrificio y opresión, que era un delirio insostenible para quien la vivió, dedicándole y sacrificándole la propia vida. Por lo tanto la novela sólo puede ser narrada de modo roto, fracturado, aglutinante y disperso, que haga sentir cómo fue ese hecho, esa historia. Es demasiado fácil, en una novela, decir que un personaje está triste; es necesario hacer sentir su tristeza sin decirlo, en la manera en que enciende un cigarrillo o mira a través de la ventana. En la novela contemporánea, muchas veces el narrador, para encontrar el hilo de Ariana de la historia que está narrando, debe exponerse al riesgo de perderlo y a veces debe realmente perderlo; o sea narrar con esa discontinuidad, esa ruptura, esa pérdida continua del hilo que parece tan a menudo haberse convertido en nuestra historia.

Vargas Llosa es uno de los más grandes maestros, no sólo de hoy, de este arte de narrar y justamente por eso es uno de los más grandes narradores que nos hacen entender, sentir y experimentar qué son la realidad, la vida y la historia que estamos viviendo hoy. Esto no significa jugar irresponsablemente con el desorden, demasiado fácil, como hacen demasiados pseudoescritores, que toman un mazo de cartas y simplemente lo arrojan al aire o al suelo. No podemos jugar narrativamente ni con cartas alienadas según su color y su valor ni con cartas arrojadas dentro de un cesto. Sólo podemos jugar con las cartas tal como están en el juego verdadero de la vida, esparcidas, pero según un orden propio que puede ser a veces grotesco y absurdo pero que es siempre un orden oculto que el narrador encuentra y recoge. Con las cartas en la mano, ciertamente, en la vida es posible a veces incluso arruinarnos y el narrador debe estar dispuesto también a correr ese riesgo.

La contribución fundamental de la literatura a la vida y a los hombres –y por lo tanto también a la política– no consiste en una ideología y mucho menos en una traducción directa a la literatura de una determinada visión política. Cuando un gran novelista católico como Bernanos escribe sus novelas, no traduce directamente su fe o su moral a literatura; su fe se ha convertido en su forma de sentir el mundo, incluso y sobre todo sin nombrar esa fe, por eso cuando cuenta, por ejemplo, el estupro de Mouchette, no habla en absoluto de religión, pero lo cuenta de un modo en el que está presente toda su sensibilidad, en su caso nutrida de catolicismo, y eso le hace narrar esa historia de ese modo y no de otro.

La literatura auténtica debe considerar lo que Mario Vargas Llosa, con una de sus formidables intuiciones, llama la «enfermedad incurable», es decir, la literatura puede contar cómo en ocasiones vivimos la crisis del mundo como si fuese incurable. La literatura no puede por menos que correr este riesgo, dejándose llevar –y transportando al lector– por esta incurabilidad o al menos por el sentimiento de esta incurabilidad, porque de lo contrario se escribe una novela romántica o con final feliz, o falsamente positivo y consolador, que aumenta la falsedad del mundo, mientras que gracias a la lectura de novelas que afrontan a fondo la «enfermedad incurable», como las novelas de Mario Vargas Llosa, no digo que podamos curarnos, pero sí sentirnos un poco menos enfermos y más capaces de afrontar la enfermedad.

Es ésta, sólo ésta, la grande e insustituible función, también política y moral, de la literatura; una función que ésta cumple sólo si no quiere explícitamente predicar, sino simplemente narrar una historia, es decir el mundo. Cuando Joseph Conrad escribe *Lord Jim,* no quiere sostener la causa de la fundación de una sociedad para la salvación de quien está a punto de ahogarse; quiere simplemente contar una historia que hace sentir, profundamente y para siempre, qué significa en la vida ser valientes o viles, capaces o incapaces de ayudar a los demás.

MARIO VARGAS LLOSA:

Claudio Magris es un escritor al que, desde que leí su obra maestra sobre el Danubio a fines de los años ochenta, si mi memoria no me engaña, leo siempre con gran placer y con mucha gratitud. Creo que para responder a la pregunta ¿qué relación existe entre literatura y sociedad? nada tan instructivo como leer buena parte de la obra de Claudio Magris. Él, como ustedes saben, es un gran viajero y quizá sus mejores ensayos tienen que ver con ese movimiento que lo lleva siempre a vencer las barreras geográficas, culturales, lingüísticas, religiosas que separan a los seres humanos, buscando siempre en estos tránsitos un denominador común, algo que muestre que por encima o por debajo de esas diferencias hay algo que nos acerca y nos permite comunicarnos y coexistir. Ese algo, en el caso de Claudio Magris, es siempre la literatura. Si ustedes recuerdan ese recorrido largo, complejo, múltiple a través de sociedades, tradiciones, rituales, creencias tan diversas como es el viaje al Danubio, lo hace siempre acompañado de libros y de escritores que surgieron en ese mundo y fantaseando historias escribieron novelas que nos permiten entender muchísimo mejor esa realidad tan diversa y compleja. Cuando Claudio Magris va a recorrer La Mancha, por ejemplo, lo hace con don Quijote bajo el brazo y constantemente está cotejando aquella realidad actual que recorre con aquella de la fantasía, del libro fantaseado por este maestro de la novela que es Cervantes.

La novela nos permite entender una realidad que sin ella y otras instituciones culturales –la religión, las ideologías– sería para nosotros puramente caótica. No tenemos perspectiva frente a ese caos que es la vida en la que estamos sumergidos, y para eso existe la cultura: para darnos unos instrumentos que nos permitan encontrar un orden, dar a nuestra vida una coherencia porque sin esas creaciones, sin esas instituciones, viviríamos en la confusión y en tiniebla. Creo que de esa necesidad surgieron las historias, en la noche de los tiempos, en la caverna primitiva, cuando esos seres humanos llenos de terror frente a un mundo del que nada entendían, en el que todo representaba para ellos una amenaza, empezaron, después de inventar el lenguaje, a contarse historias, es decir, a escapar de ese mundo lleno de peligros a un mundo distinto donde se sentían más seguros, que podían entender porque tenía principio y fin, porque las conductas humanas tenían una explicación, unas motivaciones y unas consecuencias. Ese mundo de la ficción, creado por los primeros contadores de historias, de los que somos descendientes los novelistas, creó un orden artificial, pero que nos permitió organizarnos, vivir y empezar a entender el mundo real. Eso sigue ocurriendo. Cuando las novelas son realmente logradas, nos subyugan, nos arrancan de esta vida que es caos y confusión, y nos hacen vivir en la experiencia mágica de la lectura la ficción como una realidad, volvemos al mundo con una sensibilidad muy aguzada para entender lo que nos rodea, para descubrir mejor las jerarquías entre lo que es importante y lo que es adjetivo, y, también, con una actitud crítica.

Ésa es otra de las grandes contribuciones que la novela ha hecho a la historia, al progreso humano, a la civilización. Las historias nos entretienen, nos divierten, nos producen placer, pero también nos educan para adoptar frente al mundo real una actitud censora. Cuando leemos una gran novela y descubrimos qué perfecto es todo ahí en ese mundo inventado, incluso lo imperfecto y lo feo son perfectos en una novela lograda –ése es el milagro de la literatura–, y luego regresamos a nuestra pequeña existencia cotidiana, es imposible que no nos sintamos defraudados, desencantados, cuando cotejamos la perfección de la ficción que acabamos de vivir y la realidad del mundo al que hemos vuelto. Eso produce en los lectores, lo sepan o no, un desasosiego que al final termina siendo una crítica frente al mundo en que vivimos. La actitud de distanciamiento, de desazón, de crítica frente a la realidad ha sido el motor del progreso y de la civilización. Por eso todos los regímenes que han intentado controlar la vida desde el nacimiento hasta la tumba, no permitir que los individuos se disparen en direcciones imprevistas y que el poder o los poderes consideren peligrosas, siempre han tenido desconfianza hacia la literatura. La novela ha sido el género más censurado, perseguido o prohibido. No falla nunca. En las dictaduras religiosas, en las dictaduras políticas, de extrema derecha o de extrema izquierda, siempre aparecen los regímenes de censura, esos esfuerzos por controlar el mundo de la fantasía, de la invención. Como si todos esos regímenes vieran en la literatura un peligro para su propia existencia. Y no se equivocan. Hay un riesgo en dejar que una sociedad produzca literatura y se impregne de literatura. Una sociedad impregnada de literatura es más difícil de manipular desde el poder y de someter y engañar porque ese espíritu de desasosiego con el que volvemos después de enfrentarnos a una gran obra literaria crea ciudadanos críticos, independientes y más libres que quienes no viven esa experiencia.

Claudio mencionaba –ya respecto a la literatura– el tiempo. Es un tema que creo que para cualquier novelista es apasionante. Los lectores no tienen por qué tener, digamos, conciencia de lo que significa el tiempo en una ficción. Significa algo distinto al tiempo real. En ninguna novela el tiempo es semejante, equivalente a ese fluir en el que nacemos y transcurre nuestra existencia. En una ficción el tiempo es una fantasía, una invención, como los personajes, como la historia y como quien cuenta las historias: el narrador, principal personaje de todas las novelas. El tiempo tiene que ser una creación porque el tiempo real es el caos y una novela no puede ser el caos.

Es, por el contrario, un orden inventado para enfrentar el caos, para salvarnos del caos, para darnos una seguridad que perderíamos si viviéramos la vida como pura confusión. El tiempo de una ficción hay que inventarlo de acuerdo a la historia que queremos contar. No hay dos sistemas temporales idénticos en las novelas. Pueden parecerse, pero, si uno escarba, encuentra diferencias sustanciales. En la mayor parte de los casos los éxitos o los fracasos de una ficción se deben a la sutileza o inteligencia o a la falta de sensibilidad con la que la ilusión temporal fue construida. El tiempo puede avanzar muy rápido en una novela y luego detenerse y girar en redondo; el tiempo puede avanzar y retroceder y luego volver a avanzar y volver a retroceder de una manera que no ocurre jamás en la vida real. Pero ninguno de esos movimientos temporales puede ser arbitrario, tienen que estar fundamentados por la historia que se quiere contar, por los datos que se quieren destacar y los que se quieren ocultar o los que se quieren descolocar en el tiempo, para crear la atmósfera de expectativa, de misterio, o una cierta confusión indispensables para mantener atrapado al lector, para que el poder de persuasión de la novela funcione mejor y vaya creando unas estructuras temporales que son siempre artificiales pero no arbitrarias, necesarias para el cumplimiento de la historia. Quizá sobre todo en la época moderna, los juegos con el tiempo, la invención temporal, ha sido esencial en la creación novelesca.

Otro tema tocado por Claudio que también me gustaría comentar es el de la diferencia entre el lenguaje con el que se escribe una novela y el de un ensayo o un artículo. Él se preguntaba: ¿en qué está la diferencia fundamental?, ¿por qué cuando uno escribe una novela escribe de una cierta manera y cuando escribe un ensayo o un artículo –siendo la misma persona, teniendo las mismas ideas, defendiendo los mismos valores– utiliza un lenguaje muy distinto? Quizá haya respuestas diferentes para cada escritor. En mi caso, la experiencia me ha indicado más o menos lo siguiente: a la hora de escribir una novela la razón, la inteligencia, el conocimiento no son necesariamente el ingrediente principal. Otros factores espontáneos, irracionales, instintivos, intuitivos, pueden jugar un papel tan importante como la pura razón y muchas veces arrastrar a la racionalidad detrás de algo que viene de unas profundidades irracionales de la personalidad. Yo creo que se escriben novelas con la totalidad humana, con lo que uno sabe, con lo que uno conoce, con su razón, con su inteligencia, pero también con esos fondos oscuros de la personalidad de los que somos vagamente conscientes, que tenemos ahí abajo escondidos y que, a la hora de crear una historia, de pronto van como reflotando.

Quizá ése sea el aspecto de la creación de una novela más sorprendente, más misterioso, y, también, más exaltante —descubrir que en el fondo de uno mismo hay como compuertas que se abren, extraños fantasmas, demonios, a veces incluso elementos que nos producen desagrado y rechazo, que, como atraídos por la fuerza creativa, entran dentro de la historia y producen en ella fenómenos, le dan una cierta dirección, alteran la personalidad de los personajes y, en ocasiones, transforman profundamente el esquema narrativo—. Eso, por lo menos a mí, no me ocurre nunca cuando escribo un ensayo o un artículo. Ahí, procuro siempre que sea la racionalidad la que prevalezca y que lo espontáneo esté al servicio de la racionalidad y de las ideas. Desde luego que hay ensayistas que son menos racionales, pero, en mi caso por lo menos, un artículo, un ensayo, es un gran esfuerzo de comprensión racional de una obra literaria o de un problema político o de un hecho diverso. En cambio, a la hora de escribir una ficción, no, espero más bien con impaciencia ese fenómeno que he vivido desde que escribí mis primeros cuentos, ver que de pronto en lo que escribo aparecen cosas inusitadas, cosas que vienen de alguna parte oscura y escondida de mi propia personalidad y muchas veces gracias a ello brota una vivencia que da una riqueza mayor a la historia que estoy contando. Esa diferencia de estilo procede probablemente de la función de la racionalidad y lo espontáneo en los géneros. Por eso, yo creo en los géneros. En la literatura contemporánea hay una gran desconfianza hacia los géneros. Se habla de los géneros como de artificios nacidos en el siglo XVIII, se piensa que en realidad las fronteras entre los géneros son falsas, que es preferible hablar de textos. Textos en los que la poesía, la narrativa, de alguna manera andan siempre entremezcladas. Yo no lo creo. Los géneros corresponden a un tipo de perspectiva o aproximación del fenómeno hu-

mano, de la experiencia humana. Creo también
por eso que la expresión más totalizadora de la
experiencia humana está en la novela, aun cuando el ensayo a veces sea deslumbrante y nos parez-
ca tan maravillosamente creativo como una obra
de ficción. La ficción, cuando es lograda, consi-
gue ese milagro: expresar la totalidad, el hombre
como razón y como sinrazón, como fantasía y
como historia, la realidad y la irrealidad, lo mate-
rial y lo espiritual, toda esa compleja madeja de
contrarios que es el ser humano. Es mucho más
difícil, no imposible, pero mucho más difícil, que
un ensayo o un artículo lo consigan, aunque, en
algunos casos excepcionales, ocurre.

Quisiera destacar, aunque estoy seguro de
que todos quienes lo han leído ya lo saben, que
en esta época en que vivimos, y creo que de la
misma manera escritores, intelectuales tanto lati-
noamericanos como europeos, suele haber un
gran desencanto con la política, un gran desprecio hacia la política como una actividad sucia,
menor, corrompida, de la que la literatura en
particular y el arte en general deberían tomar distancia. Afortunadamente, Claudio Magris no
cree eso y escribe como si creyera todo lo contra-

rio. Él es un gran escritor y un gran conocedor de la literatura, de las literaturas. En sus ensayos de crítica literaria habla de literaturas muy diversas y es extraordinario el abanico de lenguas en las que puede leer y comentar la poesía, la novela, los ensayos. En sus ensayos siempre hay política, no politiquería, desde luego, sino política. Es decir, preocupación por los asuntos de la ciudad, y eso no ha empobrecido para nada el rigor literario, la búsqueda de una expresión original y creativa, el amor por la belleza que surge de la palabra bien escrita, la preocupación por las relaciones entre personas, entre sociedades, entre culturas, el combate contra toda forma de autoritarismo, la defensa de valores democráticos, incluso ejercitando una crítica constante contra las deficiencias de las democracias que son tan grandes y cada día revelan putrefacción, escándalos, tráficos innobles, mediocridad, falta de generosidad y de vuelo. Nunca ha tenido un desencanto con las grandes conquistas de la libertad. En eso, Claudio Magris es una de las grandes excepciones de nuestro tiempo. Hay una gran tradición desde luego de escritores que han mantenido esa línea, pero en nuestro tiempo por desgracia no ocurre así. Grandes escritores a la hora de crear historias o de escribir poesía desprecian la política, se apartan de ella, algunos haciendo enmienda de sus propios errores, desencantados de la política por haberse equivocado tantas veces defendiendo las peores opciones, y ese desencanto los ha llevado a la indiferencia o al desprecio hacia la política. No ha sido el caso de Claudio Magris. Sus artículos en el *Corriere della Sera,* sus ensayos políticos, sus ensayos literarios, sus obras de creación, todo incide siempre sobre esa problemática social –la política de largo aliento, de largo vuelo–, y en todo eso ha habido, hay y estoy seguro de que habrá mientras escriba una defensa sistemática de la libertad y de la cultura democrática. Eso es un aspecto en la obra de Claudio Magris que yo he admirado siempre y creo que es una de las cosas por las cuales él es uno de los escritores más admirables de nuestro tiempo.

Novela y travesía

Ulises es uno de los personajes que ha fascinado tanto a Vargas Llosa como a Magris. Es una figura recurrente, no necesariamente en sus novelas, pero sí en sus reflexiones: Odiseo regresa a Ítaca para *narrarle* a su esposa su travesía de diez años. En ese sentido, ¿qué representa Ulises como personaje y como símbolo en la creación homérica?

CLAUDIO MAGRIS:

La *Odisea* quizá sea el libro de los libros. Existen dos formas fundamentales de la *Odisea:* la circular, en la que Odiseo al final regresa a Ítaca, regresa a sí mismo reafirmado en el fondo en su propia identidad –en su propio modo de ser, en sus valores– de todo aquello que ha encontrado en el viaje a través de la vida; o la forma rectilínea, en la que ningún retorno es posible y en la que Ulises (sobre todo aquel Ulises tantas veces reprendido, durante los siglos, desde la literatura posterior a Homero) es el símbolo de una humanidad que se pierde por el camino, que no puede regresar a casa, es decir a sí misma, sino que continúa en un viaje rectilíneo sin fin, en una pérfida infinitud en la que el hombre se convierte en otro, se convierte continuamente en otro, se convierte verdaderamente en «nadie», como había además ya intuido Homero.

Ya en Homero, además, es cierto que Ulises regresa a Ítaca, pero sólo para partir otra vez, como él dice –tras la horrible, victoriosa y sangrienta conclusión de su retorno– en aquella inolvidable escena conyugal entre él y Penélope, aquella conversación después del amor, en la que él le dice que deberá partir nuevamente. En el fondo, el Ulises más tradicional, más conservador (en el sentido fuerte y también positivo del término, en el sentido de conservar los valores esenciales humanos) es el Ulysses de Joyce, porque al final Leopold Bloom regresa a casa, a una casa que ha sido seguramente violada y contaminada pero que ha conservado su sacralidad; aquel tálamo conyugal violado es, no obstante lo sucedido, sagrado y él es el hombre de siempre, con los sentimientos y los valores humanos de siempre.

La mayoría de los Ulises que nos ha dado la literatura poshomérica —no sólo Dante sino muchos otros autores— son, por el contrario, personajes que se pierden por el camino, que se convierten en otros respecto a sí mismos, que no logran (o no quieren) regresar a sí mismos. Cada odisea plantea la gran pregunta de si al atravesar la vida nos convertimos más en nosotros mismos, es decir cambiando pero con fidelidad hacia nuestra identidad, o si nos perdemos y nos desnaturalizamos. Las respuestas de tantas odiseas escritas en tres mil años son, bajo este perfil, muy diferentes.

MARIO VARGAS LLOSA:

Creo que Odiseo es el símbolo del anhelo más permanente y extendido entre los seres humanos: la aventura. Vivir más allá de los límites que nos inflige la realidad, escapar de esa cárcel en la que estamos atrapados por nuestra condición y rompiendo esas barreras, tener vidas extraordinarias, vivir lo imposible, ir más allá de todos los límites que nos impone la condición humana. Eso es lo que representa Ulises y al mismo tiempo al final de esa aventura volver a donde estaba, volver al sitio del que partió. Ese poema funda en cierta forma la cultura occidental, la tradición más sólida de nuestra historia. Seguimos escribiendo y leyendo novelas para vivir aventuras, para ser en la medida de lo posible Ulises. Qué vida extraordinaria la de él. La literatura occidental comienza contando esa maravillosa rapsodia que es las mil y una aventuras de este personaje que se enfrenta a seres humanos, a dioses, a demonios, está constantemente sometido a pruebas y las vence todas no sin caer muchas veces en la tentación pero, al fin, consiguiendo siempre superarlas. Es un poema que nos hace vivir mil vidas, que nos saca de esa vida pequeñita que es la nuestra y al mismo tiempo, a pesar de lo azaroso de su trayectoria a lo largo de todo el Mediterráneo, a pesar de enfrentarse con el trasmundo, con seres fabulosos, nunca despega totalmente de la realidad, nunca sentimos que con él hayamos cortado las amarras de lo humano, del mundo real, sino que siempre hay un ancla que, dentro de la prodigiosa existencia de Ulises, lo mantiene en la vida tal como es. Desde luego es una historia deslumbrante. Es fantástico que nuestra literatura naciera tan perfecta, tan grandiosa, tan monumental. La influencia de los poemas homéricos y sobre todo de la *Odisea* se ha mantenido viva desde hace tres mil años. Leer la *Odisea* en cualquiera de las traducciones modernas, para quienes no podemos leer la lengua original, es leer una aventura que parece contemporánea, algo que sólo las grandes obras literarias consiguen: superar las barreras del tiempo y mantenerse frescas y lozanas.

CLAUDIO MAGRIS:

Hay un momento —uno de tantos— extraordinariamente interesante y diría que particularmente cercano a nuestra sensibilidad contemporánea en la *Odisea*. Cuando Ulises, que ha regresado a casa, le narra sus gestas a Penélope, éstas son aún verdaderamente suyas; son sus hazañas, sus gestas, su vida lo que le cuenta a su mujer. Pero cuando él, en la corte de los Feacios, escucha al aedo cantar las gestas de Ulises, llora porque entiende que aquellas gestas ya no son solamente suyas; son ahora una especie de relato legendario y variado retocado por todos, un cuento grandioso y casi un serial, un entretenimiento mediático de la época. Ya no le pertenecen, ha sido despojado de ellas. Homero, especialmente en la *Odisea,* había ya entendido realmente todo.

MARIO VARGAS LLOSA:

Algo fascinante de la *Odisea* es que las aventuras no solamente las vive Ulises, sino que las cuenta dos veces: en la corte de los Feacios y a Penélope. Y las cuenta de tal manera que hay contradicciones con los hechos que le han ocurrido anteriormente, de tal modo que hay un elemento de fantasía en la *Odisea* que representa lo que es la literatura. No tenemos nunca la certeza de que aquello que Ulises cuenta es cierto. Y tenemos algunas indicaciones de que lo que cuenta son exageraciones o invenciones de lo vivido. Eso, a una obra escrita hace tres mil años, le da una modernidad extraordinaria.

Pasa lo mismo con el *Quijote*. De pronto vemos que hay unas sutilezas en la narración que nos descolocan completamente frente al mundo en el que creíamos estar –cuando don Quijote sale de la cueva de Montesinos y cuenta lo que le ha ocurrido y lo que ha visto es imposible saber si realmente aquello ocurrió o todo lo inventó o lo inventó parcialmente y allí surge, en la realidad, una dimensión que es una dimensión literaria: la de la fantasía y la invención–. Es deslumbrante saber que lo que nos parecía una invención de la modernidad –esos juegos con el tiempo y con los niveles de la realidad–, en efecto, está en los poemas homéricos, en los comienzos de la literatura occidental.

El tiempo «impuro»

CLAUDIO MAGRIS:

El uso del tiempo, de los tiempos, es uno de los aspectos magistrales de la narrativa de Mario. Otro gran escritor, Italo Svevo, se quejaba de que la gramática no nos dispensara algún tiempo verbal que permitiera narrar realmente la vida. La gramática, decía, tiene solamente «tiempos puros»: el presente, el pretérito, el futuro, etcétera; también, en lenguas diferentes hay tiempos diferentes, pero siempre precisos, puros, expresión de *una sola* dimensión temporal. Svevo buscaba, al contrario, ese «tiempo impuro» que es el tiempo de la vida: ese en el que yo vivo ahora recordando algo del pasado, que no es tan sólo un recuerdo, como si se tratara de un número de teléfono, sino que es algo (un suceso, una pasión) que cambia y me cambia en el momento en el que lo estoy recordando, tornándome un poco diferente, y que cambia también un poco cuando lo integro nuevamente en mí, mientras estoy también proyectándome en el futuro, inclinándome hacia delante y llevando conmigo cosas lejanas que se han convertido de nuevo en cercanas y por lo tanto, en cierta medida, un poco diferentes.

Es este tiempo «impuro» de la narración el que la gramática no nos dispensa, pero que los grandes escritores –como Svevo– deseaban y que los grandes escritores, como Svevo o Vargas Llosa, en realidad poseen, a pesar de la gramática.

Me reconozco plenamente en aquello que Mario ha indicado sobre la diferencia entre los varios tipos de escritura y sobre la relación entre espontaneidad y racionalidad. Recuerdo una frase de Wittgenstein que decía, hablando de la literatura de invención, que hay escritores que escriben con la cabeza y escritores que escriben con la mano. Queda claro que esto no dice nada respecto a la grandeza de un escritor. Ciertamente

Thomas Mann, después de la Primera Guerra Mundial, escribió libros hermosos con la cabeza, es decir con completa concienciación racional, mientras que escribió *Los Buddenbrook* con la mano, o bien, como admitió más tarde, sin saber él mismo qué estaba realmente escribiendo. Sabía que estaba escribiendo la historia de una familia, pero no qué significaba aquella historia; no se daba cuenta de que estaba escribiendo un gran libro sobre la decadencia de la burguesía europea en general.

Creo que un gran escritor escribe siempre, al menos en parte, partiendo de esa oscuridad que, como decía Mario, es la fuente de la creatividad. Una vez, hablando con Isaac Bashevis Singer, un gran escritor del cual fui amigo y que escribía realmente con la mano, yo decía muchas cosas de un hermoso relato suyo, «The Unseen». En un momento determinado me di cuenta de que lo entendía yo mejor que él: él no sabía lo que había introducido. Y entonces le dije: «¿Sabe, Singer?, me parece que soy más inteligente que usted, pero usted es un genio.»

Algo más acerca del tiempo. Hay una hermosa página de un gran científico, Sir John Eccles, premio Nobel, si no me equivoco, de neurofisiología. Él dice que el tiempo tiene realmente dimensiones diferentes, porque es un contenedor, una especie de caja elástica que tiene diferentes dimensiones según lo que contenga. Es algo parecido al útero: ¿qué tamaño tiene el útero? Cuando contiene a un niño de nueve meses tiene un tamaño, cuando no contiene nada tiene otro y en ambos casos se trata de realidad, no de fantasías o metáforas. Y sin embargo las medidas unificadas del tiempo no son arbitrarias. Es un poco como el mapa geográfico. El mapa geográfico siempre es falso, porque la tierra es redonda y el mapa es plano. Por lo tanto, el mapa geográfico del Perú que yo veo es falso, pero, si quisiera tomar un coche para ir a Arequipa, el mapa sería utilísimo y en cierto modo «verdadero», porque me mostraría el camino correcto para llegar. Por lo tanto, las medidas del tiempo no son arbitrarias. Pero al narrador no le es suficiente su utilidad, sin la cual no podemos vivir en el tiempo y no hubiésemos podido ni siquiera fijar la hora para este encuentro; el narrador, aun viviendo como todos en el tiempo habitual, busca ese otro tiempo que a veces es como el útero de una mujer embarazada de nueve meses y otras veces como el útero sin ningún niño.

MARIO VARGAS LLOSA:

Un tema interesante sobre el que hemos conversado antes es cómo se explica que grandes escritores, grandes creadores cuyas obras nos deslumbran por su belleza, su orden, su originalidad, si no por la lucidez que parecen expresar, al mismo tiempo se hayan equivocado tanto sobre tantas cosas, la política, la sociedad, hayan mostrado de pronto prejuicios inaceptables, indignos, que hayan sido vehículos de ideas racistas, por ejemplo. Claudio tenía unas ideas interesantes a ese respecto que tal vez sería bueno que expusiera con algunos ejemplos por lo demás particularmente incisivos.

CLAUDIO MAGRIS:

Hay muchos ejemplos desconcertantes e inquietantes de grandes escritores que han cometido errores políticos catastróficos y que nos ponen en guardia contra el atribuir de por sí al ejercicio de la literatura una profunda comprensión de la política. Pirandello envía un telegrama de solidaridad a Mussolini tras el asesinato de Matteotti; seguimos queriéndolo, entendemos el itinerario retorcido y autopunitivo que lo llevó a ese gesto, pero, desde el punto de vista político, ese gesto inaceptable nos hace entender que, en aquel momento, su portera entendía más de política que él. Los ejemplos pueden elegirse a voluntad, desde Knut Hamsun –el gran escritor que representó como pocos la miseria humana y la disgregación del yo y que termina abandonándose a una apología insensata de Hitler– hasta eminentes escritores franceses comunistas que devotamente van a Moscú a la «Misa Roja» para asistir a la ejecución estalinista de muchos de sus compañeros. Céline, que ha escrito en *Voyage* y en otros grandes libros páginas grandísimas que nos hacen entender de una vez por todas el sufrimiento y que enseñan a amar a quienes viven en la sombra, escribe *Bagatelles pour un massacre,* un libro antisemita de la época de la Shoah.

Deberíamos preguntarnos el porqué de estas

elecciones. Creo que un hombre de la magnitud –no solo poética, sino también humana– de Céline en cierto momento debió de convencerse de que la verdad, la autenticidad de la vida, no es la democracia, por él interpretada como falaz retórica, sino la desnuda vitalidad, tal vez el mal en sí mismo. La democracia, como afirma Mario, naturalmente tiene en sí misma mucha falsedad retórica; sus proclamaciones de libertad, de dignidad, de derechos son o por lo menos suenan a veces como una fanfarria enfática respecto a la cruda inmediatez de la vida. Celebrar la «resistencia» y la «liberación» puede parecer un rito social conformista. Pero no advertir, bajo esta ostentosa y convencional retórica, la esencial verdad humana de la libertad y de los derechos para todos es mucho más miope e ingenuo que ver solamente aquella prosopopeya. Céline y otros grandes autores como él, anarco-reaccionarios, debieron de convencerse de que la desnuda verdad de la vida es la enfermedad y confundieron la enfermedad con la medicina. Como si uno dijera que la vida en el fondo es un cáncer y que como consecuencia no debemos ilusionarnos, sino vivir con ese cáncer y, paradójicamente, fomentarlo; como si mirar cara a cara el horror desnudo fuese más auténtico que ir al hospital, someterse a pruebas y análisis clínicos, curarse, escuchar el reconfortante consuelo de los amigos.

En esta situación aberrante hay un poco de verdad, a la que debemos siempre enfrentarnos; una verdad que sin embargo es tergiversada, hasta convertirse a su vez en falsedad; como si fuéramos al cine y nos sentáramos en primera fila, con el ojo y el rostro pegados a la pantalla, viendo una imagen que es a la vez real (la imagen que en ese momento la película está mostrando) pero también y sobre todo deformada, falsificada justamente porque la estamos viendo desde esa distancia equivocada. Creo que a estos grandes escritores la violencia de la vida los deslumbró y que la sufrieron, pero reaccionaron de una manera desastrosa. Ésta es la razón por la que debemos combatir los terribles errores de esos escritores y seguir, al mismo tiempo, respetándolos y amándolos y aprendiendo de ellos, a pesar de todo.

Esta capacidad de combatir y al mismo tiempo respetar y amar es una de las extraordinarias características literarias, aunque no sólo literarias, de Vargas Llosa. Podría poner muchos ejemplos, como las páginas dedicadas a Günter Grass, al mismo tiempo amado por la extraordinaria verdad de la vida demostrada en sus novelas, y en particular, en *El tambor de hojalata,* y rechazado duramente por ciertas actitudes y comportamientos ideológicos considerados no correctos. El contraste de amor y crítica duramente negativa resalta, para dar otro gran ejemplo, en un ensayo dedicado a Cortázar, ensayo en el que la admiración poética y el rechazo ideológico se entrelazan dolorosamente con una sufrida participación humana en la historia existencial y sentimental de Cortázar. Una página extraordinaria que muestra que debemos ser capaces –algo extremamente difícil– de decir no sólo sí o no a una determinada realidad y también a las personas amadas, sino que es necesario continuar amándolas incluso condenando sus acciones y continuar condenando sus acciones aunque sin dejar de amarlas.

Todo esto concierne no únicamente a la simbiosis de amor y claridad de discernimiento respecto a los demás, sino también respecto a aquellos otros que somos, en primer lugar, nosotros mismos para nosotros mismos. Es una gracia muy difícil, extraordinaria, porque es la premisa

de la libertad; la condición necesaria para liberar-
nos de cualquier idolatría, incluso respecto a personas, a libros, a la poesía que amamos, que ne-
cesitamos, pero que para nosotros son creativas
sólo si nuestro amor hacia ellas no es ciego ni
servil ni idólatra. En este proceso hay algo dolo-
roso y al mismo tiempo liberador.

Cultura, sociedad y política

Claudio Magris ha reflexionado y cuestiona-
do el fenómeno que él llama la «política pop»,
un modelo populista que parece extenderse en
toda Europa, no solamente en Italia. Esta crisis
de valores, para Vargas Llosa, ¿recorre de alguna
forma las crisis de las democracias en América
Latina?

MARIO VARGAS LLOSA:

Las democracias, tanto en los países desarrollados como en los países en vías de desarrollo,
enfrentan problemas idénticos: la corrupción,
por ejemplo, que contribuye tanto al desprestigio

de las instituciones democráticas, está muy presente en el Tercer Mundo, desde luego, pero en el Primer Mundo constantemente vemos aparecer el feo rostro de los tráficos, del poder como un instrumento de enriquecimiento. Eso por supuesto provoca una enorme desilusión en la democracia y se advierte en el ausentismo electoral, tan grande en los países desarrollados –por lo general bastante mayor que en los países del Tercer Mundo–, la falta de nuevas ideas, el hecho de que la democracia atraiga poco a los mejores y mucho a los mediocres.

Ese problema se vive del mismo modo en las democracias desarrolladas y en las democracias subdesarrolladas. Las mejores inteligencias, los mejores creadores no se sienten atraídos por la política. Al contrario, la rechazan y eso empobrece a la política, y si la política se llena de mediocres entonces se vuelve muy mediocre. Ése es un problema que compartimos las democracias del mundo subdesarrollado y el Primer Mundo. Al mismo tiempo, la democracia sigue siendo el mejor de los sistemas o el menos malo de todos los sistemas políticos. Eso lo vemos sobre todo por la manera como los países que no tienen democracia envidian y sueñan con tener ese sistema que a nosotros nos parece tan mediocre y corrompido, porque aquello que se vive en un país como Cuba o en un país como Corea del Norte es infinitamente peor que estas mediocres democracias que tenemos.

¿Qué hay que hacer? Lo que hay que hacer es no jugar al avestruz, no volver la espalda a la política, entrar en ella aunque sea tapándose la nariz, convencer a la sociedad de que hay que participar en política si queremos que la política no sea esa cosa pobre y mediocre que es hoy día, y convencer sobre todo a los jóvenes de que en política se puede ser creativos, generosos, solidarios, se puede ser probo, y que la política puede ser también una hermosa aventura, que no se vive en la ficción sino en la realidad. Qué cosa más hermosa que construir una sociedad libre, próspera, donde se conviva en la diversidad, que vaya dejando atrás los horrores de la ignorancia, de la pobreza, de la explotación, de la marginación. ¡Qué maravilla construir en la vida real algo tan hermoso como una gran novela! Eso es por lo que hay que luchar si queremos que las democracias no sigan desfalleciendo. Porque si siguen esa curva negativa lo que nos espera al final ya sabemos qué es: alguna forma de sistema dictatorial en el que por lo menos eso que la mediocre democracia sí nos garantiza, que es la libertad –un espacio para vivir sin sentirse asfixiados–, lo vamos a perder.

Un hecho que Magris reconoce en Berlusconi es que, más allá de su pensamiento «rústico», ha puesto en cuestión un conflicto que la oposición y la izquierda no han llegado a entender, y es justamente el comprender la crisis de los valores de la sociedad que él actualmente dirige, lastimosamente. ¿Qué es aquello que no ha llegado a entender la oposición?

CLAUDIO MAGRIS:

En Italia –y creo, temo no sólo en Italia– ha cambiado una sintaxis de la política, un estilo; ha cambiado el modo de hacer política, han cambiado las clases sociales, algunos valores fundamentales han decaído y han cambiado incluso algunas normas civiles de comportamiento; valores y normas que creíamos que no podrían decaer. Se trata de un proceso negativo que debe ser combatido, pero que en primer lugar debe ser entendido, justamente para combatirlo, y que no debemos subestimar o simplemente despreciar. Esta política *pop* nos tomó por sorpresa a nosotros, que la vemos como una cosa grave, cada vez más indecente, especialmente en Italia; pero justamente el que nos haya tomado por sorpresa, no haber comprendido esta transformación, es culpa nuestra y la razón principal de nuestras derrotas.

La oposición al «berlusconismo» –oposición que comparto con pasión y que intento, con mis medios y mis posibilidades, conducir con dureza– ha sido (y temo sea en parte aún) floja; no es suficiente deplorar o condenar lo que sucede, sino que, para que no suceda más, es necesario entender por qué un fenómeno ha podido suceder. Una victoria electoral de una parte política puede gustar o no gustar, pero es necesario entender –sobre todo si se lo considera un mal– por qué una mayoría de ciudadanos ha podido determinar esta victoria. No es suficiente cerrarse en un rechazo aristocrático respecto a quienes han votado de cierta manera. Han cambiado las reglas del juego –también las elementales del buen sentido y del buen gusto– y hay quien, desgraciadamente, lo advirtió antes que nosotros y se aprovechó de ello.

A esta situación en Italia y en otros países de Europa se suman también las tensiones entre Oriente y Occidente. En Europa se vive cotidianamente el tema de la inmigración. Una inmigración que muchas veces en lugar de generar un enriquecimiento en la sociedad anfitriona ha creado guetos marcados por la miseria. Los inmigrantes son incluso quienes construyen esos guetos. ¿Cómo resuelve una sociedad abierta el miedo y la creciente xenofobia?, ¿cuál es la problemática que debe afrontar una sociedad abierta?

CLAUDIO MAGRIS:

Ésta es la pregunta de los cien millones, porque afecta a lo que es tal vez el problema político
y ético-político mundial de hoy. En uno de sus
últimos discursos, hace años, un notable político
italiano, Beniamino Andreatta, poco tiempo después vencido por la enfermedad, puso de mani-
fiesto que hoy está sucediendo a escala casi mundial algo parecido a lo que sucedió en la Grecia
del siglo V a. C., cuando la crisis de las realidades
inmediatas que conferían identidad al individuo
(la familia, el clan, la tribu) y el surgir de la *polis,*
de la democracia griega con sus relaciones abstractas –así como son también abstractas, «frías»,
las relaciones entre los ciudadanos, a diferencia
de las relaciones «cálidas» entre los miembros de
una familia o de un grupo de amigos–, habían provocado una profunda desorientación en el alma
de los griegos. Esta crisis, esta pérdida de identidad había turbado el espíritu griego, pero éste
reaccionó a esa crisis con la tragedia griega; las
historias de Edipo y de Orestes –que asesina a su
madre, escindiendo estos vínculos inmediatos y
siendo absuelto por este crimen, aunque sea con

fórmula dubitativa y por un solo voto– son la expresión de esa crisis y de su difícil, dramática y a veces incluso trágica pero luminosa superación.

También hoy vivimos, a escala planetaria, un peligroso y en sí falso choque entre valores cálidos y valores fríos. En la vida personal –amores, amistades, afectos, pasiones– prevalecen obviamente los valores cálidos; yo no puedo amar a todos mis conciudadanos como amo a mis amigos y la vista del mar me llega al corazón mucho más que el sufragio universal o el resultado de las elecciones. Pero muchas veces el pensamiento reaccionario ha visto falsa y torpemente en la democracia, con sus valores fríos –el derecho al voto, los elementales derechos reservados a cada uno, etcétera–, la negación abstracta e intelectualista, ideológica, de los valores cálidos. Y, al contrario, son justamente los valores fríos de la democracia aquellos por los que nos entusiasmamos mucho menos que por nuestros valores cálidos personales, los que le permiten a cada uno, individuo o pueblo o comunidad, cultivar sus propios valores cálidos. No puedo amar a los compañeros de escuela de personas que no conozco como a los míos, pero sé que a cada uno de ellos le sucede lo mismo conmigo.

77

Ésta no es la base de una fría legalidad, sino la premisa para poder vivir cálidamente la propia vida. La democracia, en este sentido, es poética, y pariente del arte porque es la capacidad de ponerse en la piel del otro, de ciudadanos desconocidos, como en la piel de Anna Karénina.

Hoy la civilización está bajo la amenaza de dos peligros, Escila y Caribdis. Por un lado el peligro y el miedo de la globalización, o bien de una supresión y una nivelación de todas las diversidades, de todas las identidades; por el otro, como reacción a este miedo, una regresiva *fièvre identitaire,* un cierre visceral, agresivo y autodestructivo, en la propia peculiaridad, en la propia diversidad vivida no como realización concreta del universal humano, sino como diversidad absoluta y salvaje. Predrag Matvejević ha escrito que la particularidad no es aún un valor; no es un valor ser italianos o peruanos, hombres o mujeres, católicos o protestantes o agnósticos; la particularidad de cada uno de nosotros es la premisa para poder realizar, con ella, un valor. También el patriotismo, la identidad nacional, ha escrito Mario Vargas Llosa, son valores, pero valores segundos respecto a los valores universales humanos.

La cultura regresiva de la diversidad y del localismo ofende, alzando furiosamente el puente levadizo no sólo a las unidades más grandes que la comprenden, sino también, y diría que en primer lugar, a sí misma. Si para mí el mundo se iniciase en la periferia de Trieste por un lado y terminase en la periferia opuesta, no sólo perdería el mundo, sino que perdería también el significado y el sentido mismo de Trieste, de su peculiaridad como imagen concreta del mundo. Cuando los niños juegan en un patio pequeño, en ese pequeño patio conocen el mundo, la aventura, el viento, la carrera, los océanos que imaginan, y es ésta la verdadera identidad particular, vivida como apertura hacia el mundo. Dante ya dijo todo esto en una sola frase de *De vulgari eloquentia,* cuando decía que de tanto beber el agua del río Arno había aprendido a amar fuertemente Florencia, pero agregaba que nuestra patria es el mundo, como para los peces el mar. Ambas aguas son necesarias, porque sin la concreta peculiaridad del Arno el mar se convierte en una abstracción, como quien amase a la humanidad sin amar a ningún hombre, lo que impide cualquier amor.

No tenemos sólo una, sino muchas identidades; de la identidad deberíamos hablar solamente en plural, tenemos de hecho muchas: la nacional, la regional, la religiosa, la política, la sexual y otras más. La identidad política, por ejemplo, puede ser incluso más importante que la nacional; yo me siento más cercano a un liberal de Uruguay que a un fascista italiano, por ejemplo. Además, ha escrito Roberto Toscano, las identidades no pueden nunca ser fotografiadas, es decir, definidas, sino que deberían ser siempre «cinematografiadas», porque no son estáticas sino dinámicas, se mueven, cambian y se transforman en el tiempo.

Otro gran problema de hoy –tal vez *el* problema– consiste en el encuentro, que tiene lugar por primera vez a escala global, entre y con culturas diferentes, que conlleva sistemas de valores diferentes. Por un lado esto implica un gran enriquecimiento, que debe ser acogido con una gran disponibilidad al diálogo, es decir a enriquecerse en el encuentro con el otro, a poner en discusión los propios valores. Por primera vez podría nacer una cultura realmente universal. Por otro lado, como observa Todorov, conlleva la necesidad de delinear algunas (pocas) fronteras bien precisas. Debemos estar dispuestos a discutir muchos de nuestros valores, en los que hemos creído ciegamente, pero es necesario establecer unos pocos precisos y esenciales valores ya no negociables que deben considerarse adquiridos para siempre, y –al menos para nosotros– absolutos. Dialogar significa ponerse en juego; si yo dialogo con alguien, significa que estoy listo para discutir con él, haciendo lo posible para cambiar sus opiniones y convencerlo de las mías, pero dispuesto, si al final sus argumentos me resultan más convincentes, a dejarme convencer. Es decir que se dialoga realmente si, aun amando y defendiendo apasionadamente las propias ideas, no se ha decidido a priori tener razón; por lo tanto se puede dialogar y discutir defendiendo una economía más orientada hacia el liberismo o el dirigismo, se pueden e incluso se deben poner en discusión muchas cosas también en el plano moral, muchas costumbres y tradiciones.

Hay sin embargo ciertas cosas respecto a las cuales es necesario trazar fronteras. Si me piden que discuta con alguien si es lícito o no matar a un niño, respondo que no estoy dispuesto a discutir; ya he decidido que no se puede matar a un niño. En este caso el diálogo está cerrado y la frontera bloqueada. En el diálogo entre culturas diferentes, que nos enriquecen y nos abren hacia tantas realidades, no es posible discutir sobre algunos valores que consideramos definitivamente adquiridos, como por ejemplo la paridad de derechos independientemente de la pertenencia étnica, sexual, religiosa o nacional. De estos principios ya no se discute.

Recuerdo al primer negro que tuvo derecho a asistir a la universidad, creo que en Mississippi (o en Alabama), hace cuarenta y tres o cuarenta y cuatro años. Se apellidaba Meredith. El reconocimiento de este derecho y su puesta en práctica habían ofendido profundamente no sólo a los siniestros racistas linchadores, sino a toda una cultura blanca tradicional del Sur, que se había sentido gravemente herida en la propia identidad. En ese caso era trágicamente necesario elegir entre dos valores, decidir si se debía considerar un valor más alto el respeto por esa tradición segregacionista o si, como creo, se debía considerar un valor más alto la dignidad paritaria de cada hombre. Y, por lo tanto, que era necesario defender el derecho del señor Meredith a ir a la universidad como todos. Y desgraciadamente fue necesario defender este derecho suyo también por la fuerza, con soldados enviados por el presidente de los Estados Unidos para acompañarlo a la universidad y para protegerlo.

La máxima apertura al diálogo con otros sistemas de valores debe coincidir con el sentido profundo de algunos valores que se consideran universales humanos, como las «leyes no escritas de los dioses» afirmadas por Antígona. Antes de iniciar este diálogo, hablábamos de dos episodios contradictorios que indican la problematicidad de este encuentro entre culturas y el peligro de respuestas equivocadas. Por un lado, el referéndum que prohibió los minaretes en Suiza, cierre absolutamente inaceptable e impensable, regresivo y sombrío rechazo del otro. Por otro lado, un grotesco episodio en Dinamarca, donde un texto, un relato de Andersen para la escuela, ha sido depurado de las referencias cristianas para no ofender a los musulmanes. Medida, también ésta, inaceptable y absurda; imaginemos que publicamos las poesías de Brecht sin el comunismo, las obras de Manzoni sin el catolicismo, el Corán sin Mahoma. Sería una censura terrible, peor que la quema de los libros, porque falsificar un libro es incluso peor que hacer circular un Evangelio en el que le hacemos decir a Jesucristo estupideces y crueldades antitéticas a su enseñanza. Cuántos episodios muestran lo difícil que es, como siempre en la vida y en cada relación (también en la amistad, también en el amor), conciliar la mayor apertura, la libertad de cualquier soberbia –y de cualquier insensata pretensión de pureza, ideológica o de identidad– con la firmeza precisa respecto a valores ya no negociables. En lo que concierne a la diversidad, hay una hermosa frase de un escritor que aprecio mucho, Édouard Glissant, nacido en Martinica, descendiente de antiguos esclavos, firmemente empeñado en la lucha contra cualquier marginación, pero libre de todo resentimiento visceral. Glissant ha dicho que las raíces no deben perderse en las profundidades de la oscuridad atávica de los orígenes, sino por el contrario alargarse en la superficie como ramas de una planta que se encuentran con otras ramas, como manos que se entrelazan. También ha dicho que se siente no sólo un negro descendiente de África, de donde sus antepasados fueron desarraigados por la horrible trata, sino también francés, heredero de los clásicos de la cultura francesa, y ha agregado que en su identidad hay también otras componentes de su Martinica natal, desde los antiguos indígenas a los otros inmigrantes, indios, chinos o sirios que vinieron a las Antillas a lo largo de los siglos.

También en este caso Mario Vargas Llosa tiene mucho que enseñarnos, con su polémica contra el indigenismo por un lado y contra la pretensión de ignorar o denigrar a las culturas peruanas precedentes a la llegada de los españoles por el otro. Tiene mucho que enseñarnos sobre todo con la actitud libre en relación con la propia identidad. Si es correcto decir, como lo ha hecho José Carlos Mariátegui, «peruanicemos el Perú», es también correcto de vez en cuando tener la necesidad –como Mario escribe al inicio de *El hablador*– de «olvidar al Perú». Es necesario tener esta relación libre con la propia identidad. Czesław Miłosz, el gran poeta polaco, cuenta cómo, en un momento muy difícil para la nación polaca, su tío Oskar recordaba como si fuese deber suyo defender en aquel momento la identidad nacional amenazada, defenderla con todas las fuerzas, pero sin jamás permitir que ésta se convirtiera en el primer valor, sin olvidar que hay otros valores universales humanos superiores. También Mario Vargas Llosa ha recordado esta primacía de los valores universales sobre aquellos, aunque importantes y amados, nacionales.

Es una actitud que se encuentra en muchos textos de Mario; en la novela *El hablador,* por ejemplo, creo que es fascinante el solo hecho de que, al inicio, el narrador se acerque a la civilización de la Amazonia cuando se encuentra en Florencia, en Italia, es decir desde lejos, subrayando así cómo la distancia puede ser la verdadera cercanía: porque la cercanía no es la relación visceral, sino la relación libre, no idólatra. Me parece también genial, siempre bajo este perfil, el hecho de que, al final, en el libro, el intelectual judío se reconozca en la cultura indígena, y que sea el *hablador* quien le haga notar todas las profundas diferencias. Es éste el verdadero diálogo, fundado en el reconocimiento de diversidades que, permaneciendo diferentes, se encuentran, evitando toda nivelación y todo cierre.

MARIO VARGAS LLOSA:

El problema de la inmigración hoy día en Europa ha pasado a ser el problema mayor, quizá el principal y el de más difícil solución. Es uno de esos casos típicos en el que vemos aparecer eso que Isaiah Berlin llamaba «los valores contradictorios», valores que a nosotros nos parecen tener la misma respetabilidad, necesidad y que al mismo tiempo son incompatibles el uno con el otro. Él ponía el ejemplo de la libertad y de la igualdad. Una absoluta libertad crea desigualdad. Si uno quiere imponer la igualdad tiene que restringir la libertad, y dos valores tan profundamente atractivos y que nos parecen tan necesarios son muy difíciles de armonizar totalmente dentro de una sociedad. Europa vive hoy día con la inmigración el problema de los valores contradictorios. Por una parte los países europeos dicen «tenemos problemas, tenemos altísimos niveles de desempleo, no podemos abrir enteramente las fronteras como quería la tradición liberal, porque simplemente no caben, no hay trabajo, no hay espacio para todos los inmigrantes que quisieran venir». Y, por otro lado, desde el punto de vista de los inmigrantes, lo que vemos detrás de ese movimiento constante y creciente del mundo subdesarrollado, sobre todo del mundo africano, subsahariano, hacia Europa es un movimiento en defensa de la supervivencia, de la vida. Son gente pobre, pobrísima, miserables que van hacia Europa para escapar del infierno de la pobreza, de la explotación más espantosa, huyendo a veces de regímenes monstruosos, de una crueldad que produce vértigo.

Cómo no reconocer a esos seres humanos el derecho a vivir. Es el derecho a la vida lo que los lleva a esas cosas enloquecidas como subirse a las pateras, donde se ahogan por millares, y tratar de entrar en condiciones trágicas a los países europeos. Ahí hay dos derechos, igualmente nobles y dignos, muy difíciles de conciliar. Por otra parte, hay un problema que no se puede escamotear con palabras de corrección política. Europa vive una psicosis que tiene una razón de ser. Hay comunidades, las comunidades islámicas, las comunidades musulmanas, que, contrariamente a lo que se creía en las sociedades abiertas, no se integran. No lo hacen porque tienen profundamente enraizadas unas creencias, unas costumbres que traen consigo y que, en lugar de debilitarse por el contagio de los valores y las instituciones modernas, europeas, se cierran, se ensimisman y prevalecen en los guetos en los que viven. Eso en Europa está creando cada vez más una verdadera paranoia.

Hay fenómenos desde luego tremendamente inquietantes, pues la presión de esas comunidades, en nombre de su identidad, en nombre de su cultura, está llevando a algunos países europeos a aceptar cosas que parecían impensables. En Francia, por ejemplo, la existencia de piscinas separadas para hombres y mujeres, porque lo piden las comunidades musulmanas. Como esas comunidades son muy fuertes en algunas regiones, han llegado a conseguir de las alcaldías que se creen piscinas separadas. Es decir, Europa renunciando a la igualdad de sexos, uno de los grandes valores democráticos, en nombre de la igualdad de civilizaciones, de la igualdad de culturas, en nombre de una corrección política profundamente antidemocrática. Es decir, grandes logros, grandes conquistas de la democracia, comienzan de pronto, en nombre de la identidad, a aceptar que las mujeres sean ciudadanos de segundo grado, que sigan aceptándose los matrimonios negociados entre las familias como ocurre en muchas sociedades africanas, sobre todo musulmanas, está ocurriendo en Europa y en varios países. Cuando yo vivía en Inglaterra hubo casos impresionantes, campañas en las que se defendía por ejemplo la ablación del clítoris ante tribunales en nombre de la cultura, en nombre de la identidad cultural, y se pedía respeto para una práctica profundamente enraizada. Eso, desde luego, tiene que provocar inquietud y alarma. Sin este contexto, no hubiera sido concebible siquiera un plebiscito para impedir que se construyan minaretes en las mezquitas en Suiza. Eso, hace veinte o treinta años, hubiera sido inimaginable. La discusión del velo, otro ejemplo. La prohibición del velo en las escuelas ha conmovido a Francia y provocado un debate de gran complejidad. Detrás de eso hay un gran temor a que la Europa democrática, la Europa liberal, de pronto, por la presión de comunidades que ya forman parte de Europa, comience a renunciar a esas grandes conquistas. Eso ha crispado el debate político y yo no veo una solución pronta y rápida.

Lo que menciona Claudio, desde luego, debería ser la política, poner un límite. Porque hay cosas a las que una sociedad democrática no puede renunciar. Una sociedad democrática no puede aceptar que las mujeres sean ciudadanos de segunda clase, no puede aceptar la ablación del clítoris, no puede aceptar que las muchachas sean vendidas por las familias. Sin embargo, eso está ocurriendo en Europa constantemente. Como el problema es muy complejo y hay muchos complejos además, desde el punto de vista cultural y desde el punto de vista ideológico, los gobiernos miran hacia atrás. O prefieren no ver ese tipo de problema porque provoca grandes querellas. Entonces, eso está creando movimientos xenófobos, atizando un racismo que viene de atrás. Por desgracia, ese problema no tiene solución inmediata. La solución a largo plazo sería reducir la inmigración no por controles o prohibiciones o murallas o persecuciones, sino porque los países originales, exportadores de seres humanos, prosperen de tal manera que puedan ofrecer trabajos y condiciones de vida dignas a sus propios ciudadanos. Pero eso es una cuestión de muy largo plazo y, por lo tanto, la inmigración va a continuar y los problemas de choque de costumbres, de culturas, y los fenómenos de xenofobia y de racismo me temo que en el futuro inmediato van a continuar.

ÍNDICE